はじめてでも
簡単に占える！

ちいかわタロット

Fortune Telling with 22 Original Major Arcana Cards

22枚のオリジナルカード付き

イラスト・ナガノ　監修・阿雅佐

はじめに

大人気の「ちいかわ」がタロットカードになりました！
はじめてでも簡単に占える!!『ちいかわ タロット』です。

「ちいかわ」って不思議ですよね。
かわいいなあ、ほっこりするなあって思いながら読み進めていくと、
いろんなことに興味が出てきたりします。

かわいいキャラクターたちはどんなふうに日常を送ってるんだろうとか、
もっといろんなことで泣いたり笑ったりしてるのかな、とか。

そう思わせるのは、「ちいかわ」の世界が深くて魅力に満ちているから。
かわいい絵柄やストーリーをみていると、
ついその背景を考察したくなっちゃうんですよね。

そういう「物事を深く考えて分析しようとする姿勢」って、タロット占いではとっても大事なんです。

タロットは、いろんな絵柄が描かれている不思議なカードです。
絵柄にはそれぞれ意味があって、この世界のさまざまなことを象徴しています。

青空は「希望」って感じがするとか、
雷は「インパクト」を連想させるとか、
そんなイメージの発展形だと思っていただくとわかりやすいかも。

このカードを使い、いろんなことを読み解いていくのがタロット占いです。
自分や相手の気持ちとか、状況のウラ側とか、
これからどうなっていくのか、なんてことを、です。

「おもしろそう。でも、ちょっとむずかしいかな?」
って、思っちゃいました?
「タロットカードってなんかコワいイメージあるし」
とか?
全然! ぜんぜ──ん、そんなことありません。

『ちいかわ タロット』には、「ちいかわ」に登場するキャラクターがいっぱい出てきます。
とにかくかわいい! だから、安心して楽しく占えちゃうんです。

それに、はじめての人にもわかりやすいように、ていねいに解説しています。
だってね、この本で想定した読者は
「はじめてタロット占いに触れるあなた」
なんですよ!

ページのあちこちには、かわいいちいかわたちのイラストがいっぱい。
楽しみながら読み進められること間違いなしです。

さあ、『ちいかわ タロット』のページを開きましょう!

3

「タロット」ってなに？

タロットの起源には諸説あるよ。ここでは、
神秘的なカードを使った古くから伝わる占いとして紹介するね。

カードは56枚の数札から始まったと言われているよ。
トランプみたいな感じだね。
ここに22枚の絵札が加わって、78枚になったんだって。

数札が元になった56枚を
小アルカナ、

絵札が元になった22枚を
大アルカナと言うよ。

それぞれのカードには意味があって、
それらを象徴する絵柄が描かれているよ。
この本に付いている22枚の大アルカナには、ちいかわたちが登場！
それぞれのキャラクターが、
カードの意味とリンクした衣装やポーズで出てくるよ。

占うときのお約束

タロット占いは神聖(しんせい)なもの。始める前に、3つのお約束を確認しよう。

1 集中する

心を落ち着けられる空間を作ろう。タロットを並べるテーブルはきちんと片付けようね。さっき食べたお菓子のくずが指に付いてたりしない？ 気になる人は、手を洗ってからスタンバイ！

2 ネガティブな発想をしない

誰かを傷つけるような"念"を持ちながら占うのはNG。また、不穏(ふおん)なカードが出たからって、「良くないことが起こる」なんて悲観(ひかん)するのもやめようね。どのカードにも必ず良い意味があるよ。

3 同じテーマで占うときは時間を空ける

気になる相手の気持ちが知りたくて、一日に何度も占っちゃう……なんていうのは逆効果。しばらく時間を空けてからリトライしよう。心が落ち着くと、ポイントも見えてくるよ。

この本の使い方

『ちいかわ　タロット』では、大アルカナ22枚の意味や特徴を解説しているよ。

❶ カード番号
22枚のカードには、「0」から「21」までの番号が付いているよ。

❷ カードの名前
それぞれのカードには名前があるよ。

❸ カードの絵柄
ちいかわたちのかわいいイラストが、カードの意味を象徴しているよ。

❹ キーフレーズ
カードの意味がひとことでわかるフレーズ。とりあえずこれだけチェックしておけば、ニュアンスがつかめるよ。

❺ カードの基本的なイメージ
このカードがどんな意味や象徴を持つのか、解説しているよ。

6

Point!

❼～❿は、実際に占う場合のケース別の読み方例だよ。
「正位置」と「逆位置」は、カードをめくったときの上下のこと。
カードの絵柄がそのままの形で出ることを「正位置」、
上下逆さに出ることを「逆位置」と言うよ。
正位置と逆位置では意味が変わってくるから気をつけよう。

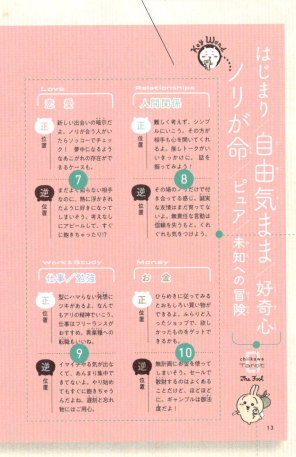

❼ 「恋愛」を占った場合の読み方

片思いの相手とのその後や恋人との関係など、具体的な恋愛シチュエーションでの読み方がわかるよ。

❽ 「人間関係」を占った場合の読み方

職場や学校、推し活など、いろんなシーンでの人間関係を占うときの読み方がわかるよ。

❾ 「仕事／勉強」を占った場合の読み方

仕事や勉強に対するモチベや現場の空気感、チャンスやピンチが訪れているかどうかがわかるよ。

❿ 「お金」を占った場合の読み方

今の金運はもちろん、良くない人はなにが原因なのか、どうすれば今後良くなるのかがわかるよ。

❻ キーワード

カードを読み解くポイントとなるキーワード。
読み方に迷ったら、ここをチェックしてみよう。

Contents もくじ

はじめに ---------- 2
「タロット」ってなに? ---------- 4
占うときのお約束 ---------- 5
この本の使い方 ---------- 6

chiikawa Tarot
Chapter

1

大アルカナ 22枚の 意味を知ろう

0 愚者 ---------- 12
The Fool

1 魔術師 ---------- 14
The Magician

2 女教皇 ---------- 16
The High Priestess

3 女帝 ---------- 18
The Empress

4 皇帝 ---------- 20
The Emperor

5 法皇 ---------- 22
The Hierophant

6 恋人たち ---------- 24
The Lovers

7 戦車 ---------- 26
The Chariot

8 力 ---------- 28
Strength

9 隠者 ---------- 30
The Hermit

10 運命の輪 ---------- 32
Wheel of Fortune

11 正義 ---------- 34
Justice

12 吊された者 ---------- 36
The Hanged One

13 死神 ---------- 38
Death

14 節制 ---------- 40
Temperance

15 悪魔 ---------- 42
The Devil

16 塔 ---------- 44
The Tower

17 星 ---------- 46
The Star

18 月 ---------- 48
The Moon

19 太陽 ---------- 50
The Sun

20 最後の審判 ---------- 52
Judgement

21 世界 ---------- 54
The World

chiikawa
Tarot
Chapter

2

タロットカードで
自分を
占ってみよう

基本のシャッフル方法 ---------- 58

1枚引いてみよう
[ワンオラクル] ---------- 60

2枚引いてみよう
[ツーオラクル] ---------- 62

3枚引いてみよう
[スリーカード] ---------- 64

4枚引いてみよう
[ダイヤモンドクロス] ---------- 66

占い方のコツ ---------- 68

chiikawa
Tarot
Chapter

3

いろんな
ことを
占ってみよう

Q1 今日は友だちとごはん。
お店はどうしよう? ---------- 70

Q2 勉強に集中できない。
どうすればいい? ---------- 71

Q3 お金が全然貯まらな～い!
どうすればいい? ---------- 72

Q4 習い事を始めたい。
なにがいい? ---------- 74

Q5 すごくニガテな人がいます。
どうすればいい? ---------- 76

Q6 気になる相手と初デート。
うまくいく? ---------- 78

chiikawa Tarot

大アルカナ 22枚の 意味を知ろう

愚(ぐ)者(しゃ)

ワクワクに勝(まさ)るものなし
大丈(だいじょう)夫(ぶ)、なんとかなる！

わあ！ なんかおもしろそう。
うはは！ どんどん行っちゃえ。
誰も通ったことのない道だって気にしない。
退(たい)屈(くつ)な人生をダラダラ過ごすより、
好(こう)奇(き)心(しん)に導かれるまま
ステップを踏(ふ)みたいんだ。

はじまり／自由気まま／好奇心／ノリが命／ピュア／未知への冒険

Love 恋愛

正位置
新しい出会いの暗示だよ。ノリが合う人がいたらソッコーでチェック！ 夢中になるようなあこがれの存在ができるケースも。

逆位置
まだよく知らない相手なのに、熱に浮かされたように好きになってしまいそう。考えなしにアピールして、すぐに飽きちゃったり!?

Relationships 人間関係

正位置
難しく考えず、シンプルにいこう。その方が相手も心を開いてくれるよ。推しトークがいいきっかけに。話を振ってみよう！

逆位置
その場のノリだけで付き合ってる感じ。誠実な友情はまだ育ってないよ。無責任な言動は信頼を失うもと。くれぐれも気をつけよう。

Work & Study 仕事／勉強

正位置
型にハマらない発想にツキがあるよ。なんでもアリの精神でいこう。仕事はフリーランスがおすすめ。異業種への転職もいいね。

逆位置
イマイチやる気が出なくて、あんまり集中できてないよ。やり始めてもすぐに飽きちゃうんだよね。遅刻と忘れ物にはご用心。

Money お金

正位置
ひらめきに従ってみるとおもしろい買い物ができるよ。ふらりと入ったショップで、欲しかったものをゲットできるかも。

逆位置
無計画にお金を使ってしまいそう。セールで散財するのはよくあることだけど、ほどほどに。ギャンブルは御法度だよ！

chiikawa Tarot
The Fool

1 / The Magician

魔術師(まじゅつし)

なんだってできちゃう
不可能(ふかのう)の文字(もじ)はナイ!?

できないことなんて、なにひとつない。
ちょっとした工夫とアイディアで、
状況を魔法(まほう)のように変えてみせるんだ。
なんたって、それだけの自信とスキルがあるから。
ミラクルだって起こしちゃうよ!

Key Word
アイディア／可能性／創造力／イリュージョン／自由自在

Love 恋愛

正位置
恋のかけひきを楽しめるとき。どうやってアプローチすれば効果的か、ゲームを攻略するみたいに組み立ててみるとクリアできるよ。

逆位置
仲良くなりたいのに、どうしていいかわからなくて焦ってるよ。または、真剣な気持ちに欠ける遊びの恋なのかもしれないね。

Relationships 人間関係

正位置
高いコミュ力で人を惹きつけるよ。楽しいトークで場を盛り上げるのが上手。まるでバラエティ番組のMCみたいだね！

逆位置
相手との関係にマンネリを感じてるよ。心にフタをして惰性で付き合っていないか、考えよう。少し距離を置くのもいいね。

Work & Study 仕事／勉強

正位置
才能発揮のチャンス。おもしろい企画を立ち上げて、周囲をあっと言わせそう。スキルを活かして現場をリードするよ。

逆位置
今の仕事に興味が持てないみたい。自分にはそもそも向いてないと思ってるのかも。もっとラクな仕事はないかなぁ、ってのが本音。

Money お金

正位置
かしこくお金を増やすためにはなにが必要か、作戦を立てるとき。やり方によっては大成功も夢じゃないよ。まずは情報を収集しよう。

逆位置
お金儲けはしたいけど、そのための知識も情報も足りない状態。よくわからない人物のオイシイ話には乗っちゃダメ！ 危ないよ〜。

chiikawa Tarot
The Magician

2 / The High Priestess

女教皇(じょきょうこう)

清(きよ)らかに、規則(きそく)正(ただ)しく
自分(じぶん)を高(たか)め、理想(りそう)に近(ちか)づく

まっすぐに、ひたむきに。
知識(ちしき)を蓄(たくわ)え、知性(ちせい)を磨(みが)くんだ。
感情的になると物事がフラットに見られなくなるよ。
冷静(れいせい)に観察(かんさつ)して、正しい判断を下すことが大事なの。
「できない」は甘え。
高い理想(りそう)を持って進むよ。

16

Key Word

まじめ / ストイック / きちんと感 / 清らか / 教養 / 知性

Love
恋愛

正位置
誠実な気持ちで相手と向き合うとき。正式に交際を申し込まれてからじゃないと、ノリでデートなんてムリ。時間をかけて育むよ。

逆位置
おカタイ雰囲気で損をしてしまいがち。ちょっとくらい相手に隙を見せないと、恋のきっかけって生まれにくいよね。

Relationships
人間関係

正位置
信頼できるいい人だけど、どこかとっつきにくいと思われているかも。まじめで勉強熱心なところはリスペクトされてるよ。

逆位置
ピリピリと神経質なオーラを放っていて、人を寄せ付けない雰囲気があるよ。気難しい先輩や上司みたいな印象を与えていそう。

Work & Study
仕事／勉強

正位置
とにかくデキる優等生。仕事はきちんとしてるし、専門知識やスキルも申し分ないよ。まさにみんなのお手本的存在！

逆位置
まわりの人に厳しすぎて、職場や学校での評判はイマイチ。完璧主義にこだわるあまり、心に余裕がなくなってるのかも。

Money
お金

正位置
マネー管理の達人。限られた収入でも上手にやりくりするよ。ムダ遣いは敵、得意技は節約。コツコツ貯めていくのが好きなの。

逆位置
ケチケチ生活に疲れが出ているみたい。予想外の出費にカリカリしたり、収入が予想を下回って慌てたり。一度深呼吸しよう。

chiikawa Tarot
The High Priestess

3 / The Empress

女帝(じょてい)

愛(あい)がいっぱい
幸(しあわ)せで満(み)たされている

実り豊かな人生よ！愛と美とごちそうよ！
ふわふわでモチモチの幸せを味わおう。
ほら、おいで。居心地のいい椅子にお座り。
優雅(ゆうが)でしょ。リラックスできるでしょ。
一緒にお腹いっぱい食べようね。

Key Word

愛情／豊かさ／満たされる／魅力的／繁栄／リラックス

Love
恋愛

正位置
豊かな愛に包まれていて、身も心も満たされた状態。もしもお互いフリーなら、このまま結婚しちゃっていいくらいだよ。

逆位置
今の幸せを当たり前だとカン違いして、どこかワガママになってるかもしれないよ。カップルの人は、倦怠期にご用心。

Relationships
人間関係

正位置
愛情豊かな人柄と優しい雰囲気で、誰からも好かれてるよ。人をあたたかく包み込んで、リラックスさせてあげられるの。

逆位置
まわりの人たちに甘えすぎてるみたい。きっと面倒を見てくれるだろうとタカを括ってるよ。依存しすぎないよう気をつけてね。

Work & Study
仕事／勉強

正位置
環境の整った職場や学校で、気持ちよく成果を出せているよ。まわりのみんなとのチームワークもバッチリ。毎日が充実って感じ！

逆位置
大きな不満はないんだけど、ちょっと飽きちゃってるかも!?　だらけた気持ちがどこかにあって、イマイチ力が入ってないよ。

Money
お金

正位置
特に不自由なく、毎日を楽しんで過ごせるだけのお金があるよ。おいしいものを食べたり、推しグッズを買ったりして大満足。

逆位置
お金の使い方がだらしなくなってるよ。欲しいものを次から次へと買ってしまって、気づいたら残高ゼロに……なんて展開に注意！

chiikawa Tarot
The Empress

19

4 / The Emperor

皇帝(こうてい)

**強くて頼(たの)もしい王様(おうさま)カード
びくともしない安定感(あんていかん)**

威風堂々(いふうどうどう)、カリスマ的リーダー。
王者の器(うつわ)ですべてを統率(とうそつ)。
なにがあってもみんなを守る!
ブレない、折れない、揺(ゆ)るがない。
どんなに不安定な時代でも、変わらない芯(しん)があるよ。

リーダーシップ／安定／責任感／地位／権力／成功者

Love 恋愛

正位置
包容力があって頼もしい恋人だよ。困ったことがあったら力になってくれるし、経済力も抜群。このまま将来を考えるのもアリだね！

逆位置
どこか上から目線なところがあって、恋人を自分の思い通りにしたがるよ。本当は自分に自信がなくて不安なのかもしれないね。

Relationships 人間関係

正位置
誰もが認める、仲間のリーダー的存在。器が大きくて堂々としてるし、なにかあってもみんなを必ず守ってくれるよ。

逆位置
なにかとマウントをとってしまうプライドの高さが物議を醸しがち。自分本位でガンコな一面のせいで、付き合いづらいと思われてるよ。

Work & Study 仕事／勉強

正位置
鮮やかな手腕と求心力でチームをリードする存在。実力・人徳・将来性とも折り紙つきだよ。憧れの上司No.1の名をほしいまま。

逆位置
大きなことを言ってる割には、まだ実力が伴っていないみたい。態度のデカさがアダとなって、人がついてこないってウワサも!?

Money お金

正位置
経済力はもちろんのこと、それ以上に安定した社会的信用が大きな財産だよ。この先当面、お金で困ることはなさそう。

逆位置
収入は不安定で、ちょっぴり心許ない状況。お金にこだわりすぎて、自分をがんじがらめにしているのかも。発想を変えてみよう。

chiikawa Tarot
The Emperor

5 / The Hierophant

法皇(ほうおう)

穏(おだ)やかだけど芯(しん)がある
深(ふか)く静(しず)かなモラリスト

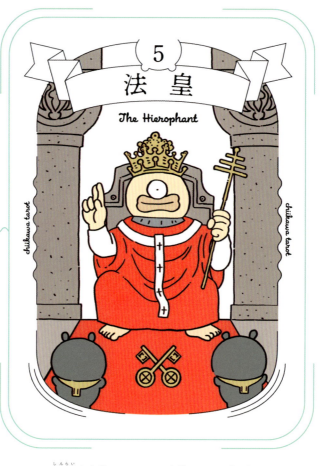

信頼(しんらい)は宝物、モラルは人生のパスポート。
ルールを守り、相手を尊重(そんちょう)するからこそ
生まれる絆(きずな)があるよ。
自分だけよければいいんじゃない。
一人一人が価値(かち)ある存在として
認められるべきなんだ。

信頼／誠実／ちゃんとしてる／慈悲／リスペクト／先生

Key Word

Love 恋愛

正位置
心から尊敬できる相手だよ。雨の日も風の日も、この人の隣にいれば大丈夫って心から思えそう。穏やかで落ち着いた関係なの。

逆位置
不誠実な関係に要注意。浮気や不倫、三角関係など、人に言えない恋に足を踏み入れていない？ 引き返すなら今のうちだよ。

Relationships 人間関係

正位置
ハジケるようなノリの良さはないけど、信頼の絆で結ばれた関係だよ。いざというときには必ず助けてくれるって確信できるの。

逆位置
どこかいい加減で、信用できない相手だよ。こちらがまじめに話してるのに、ちゃんと受け取ってくれなかったり。不信感が募りそう。

Work & Study 仕事／勉強

正位置
職場や学校での信頼度はピカイチ。仕事の手腕はもちろんのこと、教え方がうまいから、後輩からは良き先輩として慕われてるよ。

逆位置
ちゃんとやろうという意欲が感じられないよ。ポカミスは多いし、スケジュール管理もグダグダ。仕事より遊びに夢中なのかも。

Money お金

正位置
しっかりした収入があって、不安のない状態。お金の管理も上手で、手堅く財テクをやっていけそう。買い物は長く使える定番モノ一択。

逆位置
目の前の楽しみごとにお金を使ってしまいがち。おいしい儲け話についダマされて……なんてことにならないよう、気をつけよう。

chiikawa Tarot
The Hierophant

6 / The Lovers

恋人たち

愛さえあれば怖いものなし
ときめきの沼にダイブしよう！

6
恋人たち
The Lovers

楽しい楽しい楽しい！
さあ、ダンスを踊ろうよ。
一緒ならなんでもできる。無敵で最高で最強！
熱に浮かされてるって？ そんなの知らないよ。
だって空はこんなにも高くて、
星が輝いているんだもの。

愛の絆／ラブラブのドキドキ／繋がり／心地よさ／二者択一

Love 恋愛

正位置
好きがあふれまくりのラブラブ期。この人と一緒にいれば、怖いものなんてないよ。フリーの人にはステキな出会いが！

逆位置
「この人じゃない」と思いながら、優柔不断な態度を取り続けてしまいそう。遊びの恋の沼にハマりやすいという意味合いも。

Relationships 人間関係

正位置
フィーリングがばっちり合ってるね。話がリズミカルに弾んで、時の経つのも忘れちゃうよ。最強の遊び仲間であり、推し友だね。

逆位置
ちょっとしたことで仲違いしてしまいがち。元は仲良しだったなら残念だよね。誤解があるなら早めに解いておこう。

Work & Study 仕事／勉強

正位置
仕事や勉強が趣味みたいに楽しめたり、遊びの要素をふんだんに取り入れられたり。タッグを組んでる仲間との息もピッタリだよ。

逆位置
どこか上の空で、仕事や勉強に集中できてないみたいだよ。現場のチームワークも今ひとつ。ここは思い切って、気分転換が必要かも。

Money お金

正位置
おこづかいには余裕があるから、好きなものを自由に買えて楽しめるよ。色々目移りしても、最終的にベストなお買い物ができそう。

逆位置
物欲に負けて、ついついムダ遣いしちゃいそう。あれこれ迷った挙げ句、違う方を選んじゃった……なんてことも。気をつけようね。

chiikawa Tarot
The Lovers

7 / The Chariot

戦車(せんしゃ)

勢(いきお)い勝負(しょうぶ)の無法地帯(むほうちたい)
行(い)け行(い)け行(い)け——

問答無用(もんどうむよう)で突き進め！
迷うな、走れ！ 勝ちに行け！
ひよってるうちに
チャンスを逃すなんてもったいない。
人生はあっという間、勝負は一瞬。
ハードルなんて蹴散(けち)らしちゃえばいいのさ。

Key Word

エネルギッシュ／積極性／行動あるのみ／野心／突破力

Love 恋愛

正位置
アプローチのチャンス。いいなと思う相手がいるなら、積極的にプッシュしてみよう。この情熱はきっと相手に届くよ！

逆位置
気持ちが焦って空回りしてしまいがち。失敗を恐れるあまり、腰が引けてしまってるのかも。いったん引いて、態勢を立て直そう。

Relationships 人間関係

正位置
活気にあふれた関係だよ。お互いノリがいいから、「これをやろう！」「おーし！」なんて、話がポンポン進んじゃいそう。

逆位置
一緒にいてもテンションが上がらない関係だよ。トークのテンポも合わないし、気持ちが入らないって感じ。相手も同じ気持ちかも。

Work & Study 仕事／勉強

正位置
エネルギッシュに課題をクリアしていくよ。目標を決めたらソッコーでアクション！ ライバルだってなんだって蹴散らし放題。

逆位置
思うように前に進めなくて、気持ちが不安定になってるみたい。ニガテなことを無理矢理やらされていると感じているよ。

Money お金

正位置
お金を稼ぐぞー！ って意欲まんまん。一方で、欲しいものをガンガン買いたいときでもあるよ。勢いに乗ってショップに突撃！

逆位置
浪費がたたって、お財布がスッカラカン。どこかで選択を間違えたみたいだね。今は焦らないことが大事。お買い物も控えよう。

chiikawa Tarot
The Chariot

力(ちから)

度量と器と精神力
不屈のハートで凌駕する

自分を信じる気持ちがあれば、
無敵の力をこの手にできる。
パワーの正体は凛とした心。誇り高い精神と勇気だよ。
惑わされるな、芯を見通せ。
ねじ伏せるんじゃない、コントロールするんだ。

絶対的強さ／ブレない軸
自信／精神力／勇気

Love
恋愛

正位置
なにがあっても揺るがない絆を感じてるよ。片思いの人は、自分を信じて恋を勝ち取ろう。もはやライバルの存在なんて問題外！

逆位置
ちょっぴり弱気になっている模様。この気持ちを貫く自信がないのかも。そんなことではライバルにしてやられちゃう!?

Relationships
人間関係

正位置
相手のことを心から信頼できてる状態だよ。お互い凛とした芯があるから、「この人なら大丈夫！」って思えるんだよね。

逆位置
友だちとは言いながら、実際には形だけの関係だよ。なんでも相手任せにしちゃってないかな？ 今までの自分を振り返ってみよう。

Work & Study
仕事／勉強

正位置
どんな難しい仕事も鋼の意志でやり遂げられるとき。「えっ、あのクライアントからOK取れたの!?」なんてびっくりされちゃうよ。

逆位置
目標達成の前にあきらめてしまいそう。別に自分ががんばらなくてもいいや、って思うんだよね。エネルギーが不足してるのかも。

Money
お金

正位置
欲しかったものを手に入れるチャンス。ちょっぴりお高いものでも、今ならゲットできるよ。自分へのごほうびにしよう。

逆位置
欲しいものはあるんだけど、まだまだ予算不足。妥協して他のものを手に入れても、結局満足できないよ。もう一度よく考えよう。

chiikawa Tarot
Strength

9 / The Hermit

隠者

内なる声と対話する孤高の探究者

興味あることを究めよう。
その奥にある真実に届くように。
大切なことは目に見えない。
だから掘り下げ、掘り当てるんだ。
知識と経験を積み重ね、ひっそりと向き合おう。
マニアックな「好き」と自分自身に。

探究／思慮深い／隠遁
慎重／悟り／経験則

Love 恋愛

正位置
自分の心の中で大切にしている相手がいそう。両想いでなくても、ただ見守っているだけで十分。今は告白する気がないよ。

逆位置
恋に対して臆病になってるみたい。昔の恋人のことが忘れられないケースも。無理をせず、少しずつ心を開いていこう。

Relationships 人間関係

正位置
誰とでもワイワイ交流する感じじゃないけど、話してみるとマニアックでおもしろいよ。推し友としてなら最高の相手。

逆位置
なかなか心を開くことができず、殻に閉じこもっている状態だよ。前に人間関係で傷ついた経験があるのかもしれないね。

Work & Study 仕事／勉強

正位置
ベテランの職人みたいに、与えられた作業を確実にこなすとき。経験を活かした仕事ぶりに、周りから感心されることも多いよ。

逆位置
こだわりはあるんだけど、職場や学校でそれを発揮できてない状態。人とうまくやっていくことがツラくなってるのかも。

Money お金

正位置
自分が好きなものにお金を使いすぎてしまいがち。ガラスケースの中に趣味のグッズがズラリなんて、かえってカッコいい!?

逆位置
肝心なところにはお金を使わずに、妙なものにお金を注ぎ込んで後悔しそう。買ったはいいけどすぐに壊れてしまうとかね。

chiikawa Tarot
The Hermit

10 Wheel of Fortune

運命の輪

運命の歯車がカチリ なにかが動き出す

くるくる回る、車輪は回る。
上がったり下がったり、入れ替わったり戻ったり。
チャンスを逃すな、波に乗れ。
人生はタイミング。失敗と成功はいつだって背中合わせ。
1、2、3！ 1、2、3……

Key Word

変化／チャンス／運命的な出来事／転換点／出会い

Love 恋愛

正位置
運命を感じる出会いがありそう。進行中の関係は、強い絆を感じて恋がヒートアップ。お互いフリーなら、結婚へとまっしぐら。

逆位置
すれ違いや誤解が重なってしまいがち。歯車がうまく噛み合わなくなってきて、「縁がなかったのかな」なんて弱気になりそう。

Relationships 人間関係

正位置
ノリが合う、話がおもしろい、なにかとタイミングがぴったり……と、強烈な"引き"を感じるよ。これからなにかが始まっていきそう。

逆位置
なんとなく疎遠になってしまいそう。一時はとっても仲が良かっただけに残念だけど、お互い違う方向を見ているみたい。

Work & Study 仕事／勉強

正位置
チャンス到来。念願のポジションに抜擢されたり、あこがれの人やチームとのコラボが実現するなど、待ってましたの展開が実現！

逆位置
風向きが変わるとき。職場環境や仕事の条件に変化があって、モチベが上がらなくなることも。ここはじっとガマンだよ。

Money お金

正位置
金運アップを肌で感じそう。お買い物にもツキの多いとき。予期せぬタイミングで「これ！」と思えるものに出会えるよ。

逆位置
アテにしていたお金が入ってこなかったり、つまらない買い物でお金を失ってしまいがち。いったん節約モードにシフトしよう。

chiikawa Tarot
Wheel of Fortune

11 / Justice

正義(せいぎ)

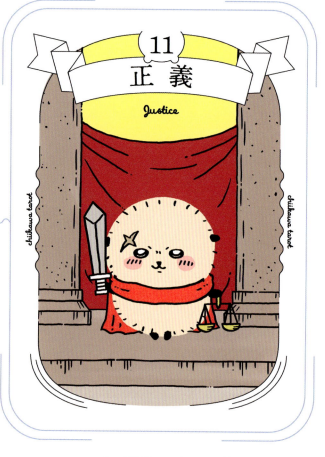

わが判断(はんだん)に忖度(そんたく)なし
白(しろ)か黒(くろ)かをクールに裁(さば)く

フェアプレイ精神こそすべての基本。
ズルするやつは一刀両断(いっとうりょうだん)。
えこひいきなし、ご機嫌(きげん)取りもなし。
不正(ふせい)、理不尽(りふじん)、許(ゆる)すまじ。
心に正義の天秤(てんびん)を、手には剣(つるぎ)を。

公平／正義感／合理的／調和／理性的／フィフティフィフティ

Love 恋愛

正位置
この人で正解！ という確信があるよ。周りからも、お似合いの二人だねって言われるはず。ときめきより尊敬で繋がる関係なの。

逆位置
誠意がない関係。相手は本気じゃないのかも。他にキープしてる恋人候補がいたりして!? コミュ不足な感じが気になるね。

Relationships 人間関係

正位置
フェアで合理的な関係だよ。心から信頼できるしリスペクトしてるけど、グチや冗談を言い合う空気はあんまりないね。

逆位置
どこか気を許せない相手だよ。なんか裏がありそうなんだよね。本音を隠して、うわべだけで付き合っているのかも。

Work & Study 仕事／勉強

正位置
間違いのない仕事ぶりで、みんなから高く評価されてるよ。大事なときに正しい判断を下せるから、信用度の高さもバツグン。

逆位置
今の仕事が自分に合ってないみたい。職場や学校の空気も良くないね。まじめにやろうという気力が失せてしまいそう。

Money お金

正位置
必要なものを確実にゲットできるよ。資格取得のための勉強グッズは特におすすめ。自己投資は最高の財テクだからね。

逆位置
余計なものや、役に立たないものを買ってしまいそう。ニセグッズをつかまされちゃった、なんてことにならないよう気をつけようね。

chiikawa Tarot
Justice

12 / The Hanged One

吊(つる)された者(もの)

試練(しれん)は心(こころ)のデトックス
焦(あせ)らず時(とき)を待(ま)とう

あらまあ、なんと、逆(さか)さ吊(づ)り！
だけどなんだか楽しそう!?
動けないからこそ周囲がよく見えるし、
なにが地雷(じらい)で、どうするべきなのかわかったりするよ。
きっとみんな思うはず。
苦境(くきょう)に立たされるのも案外(あんがい)悪くないかも、って。

Key Word

手も足も出ない／試練／停止／忍耐／自己犠牲／打つ手なし

Love 恋愛

正位置
なかなか進展がなくてもどかしいとき。忙しくて会えないのかもしれないね。ここはじっとガマン。潮目が変わるのを待とう。

逆位置
にっちもさっちもいかなくて、正直もう限界かも。このまま様子を見ていても意味はないと思いつつ、まだ未練があるんだね。

Relationships 人間関係

正位置
相手に対して自分の気持ちを言えなくなってるよ。そもそも言いづらい関係なのかもしれないし、言ってもムダだと思ってるのかも。

逆位置
自分にウソをついて付き合っているよ。相手が強引すぎて、ノーと言えない部分も。形だけの関係ってさびしいね。

Work & Study 仕事／勉強

正位置
めちゃくちゃ忙しくて、とにかく大変！ プライベートを犠牲にしてまで仕事や勉強に時間をかけてない？ ストレス溜まっちゃうよ！

逆位置
仕事や学習環境がブロックすぎて、思考停止になってるよ。そこまで奉仕する必要があるのか、よく考えてみよう。

Money お金

正位置
欲しいものがあるのに買えなくて、焦ってる状態だよ。予算にムリがあったのかも。家計簿やおこづかい帳をもう一度チェック！

逆位置
お買い物で失敗しちゃいそう。「こんなはずじゃなかった」と思うことは誰にでもあるよね。大丈夫、またイチから稼げばいいよ。

chiikawa Tarot
The Hanged One

13 / Death

死神(しにがみ)

終わりは始まり 転生(てんせい)のチャンス！

どんな物語もいつか必ず終わる。
だけどその先には、次の物語が控(ひか)えているよ。
終わることを悲しまないで。
変わることを恐(おそ)れないで。
そこから生まれた希望の芽が、
新たな命を育(はぐく)むんだ。

Key Word

リセット／停止／ゲームオーバー／転機／切り替え／手放す

Love 恋愛

正位置
リセットの時が来たみたい。相手との関係に終止符が打たれそう。もしくは、あなたの気持ちが冷めたのかもしれないね。

逆位置
一度終わった関係が復活しそう。意地の張り合いはやめて仲直りを。別れ話をしていた相手とは、もう一度やり直すことになるよ。

Relationships 人間関係

正位置
仲良く過ごす時間はもう終わり。連絡が途絶えても気にしないで。お互い未来に向けて踏み出すときだよ。気持ちを切り替えよう。

逆位置
疎遠だった相手とまた仲良くなりそう。心のどこかで、まだ離れたくないって思いがあったんだね。新たな気持ちで向き合おう。

Work & Study 仕事／勉強

正位置
契約期間が終わったり、環境が変わったりして、仕事を辞めることになりそう。学生の人は、学校が魅力的じゃなくなるかも。

逆位置
転職のチャンスだよ。全く違う職種にチャレンジしてみるのもいいね。はじめからうまくやろうと思わず、ダメ元でトライしてみよう。

Money お金

正位置
アテにしていた収入がなくなってしまいそう。こんなときのお買い物は避けるのが正解。たとえ買っても、すぐ使わなくなるよ。

逆位置
いったん途絶えた収入源が復活しそう。お買い物も悪くないけど、レンタルやリユースを検討してみるのがおすすめだよ。

chiikawa Tarot
Death

14 Temperance

節制(せっせい)

節度(せつど)を保(たも)って淡々(たんたん)と「ちょうどよい」を探(さぐ)る

いろんな意見があるし、いろんなやり方がある。
それぞれ一長一短(いっちょういったん)。マストはないよ。
大事なのは、バランスと匙加減(さじかげん)。
どちらに偏(かたよ)ってもうまくいかないからね。
客観的(きゃっかんてき)な視点(してん)を持って、臨機応変(りんきおうへん)に生きるんだ。

バランス／ほどほど／節度／コントロール／調整／自制心

Key Word

Love 恋愛

正位置
穏やかでフレンドリーな関係。お互いのことをよく理解し合ってるから、安心して付き合えるよ。大人同士の節度ある恋って感じ。

逆位置
相手への不満が溜まって、つい衝突しちゃいそう。うまく噛み合わないのは、そもそも価値観が違うせいかもしれないね。

Relationships 人間関係

正位置
一緒にいることで心が落ち着く関係だよ。趣味や推しが違っても、「そういうのもいいね」って認め合えるところがステキ。

逆位置
相手への配慮や思いやりの心が持てなくなってるよ。「もっとこうしてほしい！」と、自分の要求ばかり主張したくなりそう。

Work & Study 仕事／勉強

正位置
快適な環境で、安心して作業できるよ。サクサク順調に進められるし、成果もバッチリ。仲間とのチームワークもいいね。

逆位置
やたらと雑務が多かったり、現場のチームワークが乱れていたりして、作業をうまくコントロールできなくなってるよ。

Money お金

正位置
うまくやりくりができてるよ。お買い物は、質が良くて長く使える定番モノがおすすめ。あれは成功だった、と後で思えるはず。

逆位置
ムダ遣いに歯止めが利かなくなってるよ。特に目的もないままダラダラお買い物を続けるのはNG。お金の知識が無さすぎるのかも。

chiikawa Tarot
Temperance

15 / The Devil

悪魔(あくま)

甘(あま)い誘惑(ゆうわく)にご用心(ようじん)
足(あし)をすくわれる!?

いいじゃん、ちょっとくらい……。
耳元でこだまするのは悪魔(あくま)の囁(ささや)き。
わかっちゃいるのに、
甘い言葉にそそのかされてしまいそう!?
だけど、ご用心。その先に待ってるのは禁断(きんだん)の世界。
戻って来られなくなるよ……。

42

欲望／嫉妬／執着／誘惑／欲求不満／乱れた生活

Love 恋愛

正位置
執着心がメラメラ。相手を自分のものにしたいという束縛沼にハマりそう。恋の誘惑に負けそうになってるのかもしれないね。

逆位置
ツラい恋から解放されそう。腐れ縁をようやく断ち切ることができるよ。一方で、新たな恋の火遊びに興味が出ちゃったり!?

Relationships 人間関係

正位置
ボスキャラっぽい友だちの影響を受けやすいとき。なにか弱みを握られていて、相手に従わなきゃいけない空気があるのかもね。

逆位置
ニガテな友だちとの関係を断ち切ることができそう。相手に縛られてる気がして、今までツラかったよね。でも、もう大丈夫だよ。

Work & Study 仕事／勉強

正位置
やりたくない仕事に手を染めてる状態。ブラックな職場環境や、上司・先輩のパワハラも気になるね。本当は逃げ出したいのでは？

逆位置
どうしても嫌だった仕事を辞めることができそう。または、環境やシステムが改善されて、最悪の状況を脱するケースもあるよ。

Money お金

正位置
いけないことだとわかっていながら、浪費をやめられないよ。まさかギャンブルにハマってないよね!? 気をつけて！

逆位置
金欠ピンチをようやく脱しそう。欲望のまま、あれもこれもと買ってしまうクセもやっと直るよ。借金の心配もこれでもうナシ。

chiikawa Tarot
The Devil

16 The Tower

塔(とう)

青天(せいてん)の霹靂(へきれき)
根底(こんてい)からすべてが覆(くつがえ)る

なにやら不穏(ふおん)な空気がプンプン。
衝撃的(しょうげきてき)な展開まで秒読(びょうよ)みの状態だよ。
今まで信じていた世界が崩壊(ほうかい)するかも。
確かにショックだよね。だけど、
固定観念(こていかんねん)を捨てて、
新たな価値観(かちかん)を得るチャンスでもあるよ。

衝撃的な変化／大転換／予期せぬ出来事／アクシデント

Love 恋愛

正位置
突然のケンカにご用心。些細なことから別れ話に発展するリスクがあるよ。または、びっくりするほど大胆な行動に出ちゃう場合も。

逆位置
ツラい過去を引きずってる状態だよ。「あのとき言いすぎたなあ」なんて、深く後悔していそう。この痛みを次に活かすしかないね。

Relationships 人間関係

正位置
溜まっていた不満が爆発。真正面から派手に衝突してしまいそう。何気ないひとことで相手の地雷を踏んじゃうケースもあるよ。

逆位置
この相手とはもうムリだと思ってるよ。いつか大ゲンカしちゃうんじゃないかとヒヤヒヤしてる状態。まさに一触即発だね。

Work & Study 仕事／勉強

正位置
予想外の事態が発生しそう。続けてきたプロジェクトが停止したり、チームが解散になったり。転職することになる可能性も!?

逆位置
じわじわと追い詰められていく感覚があるよ。もうダメだとわかってるのに、今の仕事や作業から手を引けない状態。

Money お金

正位置
急な出費にご用心。それもけっこう大きな金額になりそうだ。高いものを衝動買いしたら失敗だった、なんて展開にも注意しよう。

逆位置
ピンチな状態が続いてるよ。そろそろ対策を立てないとヤバイかも。お買い物は、今は控えるのが得策。いったん態勢を立て直そう。

17 / The Star

星(ほし)

希望(きぼう)の星(ほし)がキラリ
いいことありそうな予感(よかん)

いつだって、どこだって、夜空にまたたく星は希望の象徴(しょうちょう)。
行く先を照らす道しるべでもあるよ。
流れ星を見かけたらお願いごとをするよね。
いいことがありますように。あの人に会えますように。
みんなの思いを乗せて、星は今日も輝(かがや)くよ。

Key Word

ラッキー／希望／閃き／発見／可能性／明るい未来

Love 恋愛

正位置
進展のチャンスだよ。片思い中の人は、ちょっとしたきっかけで相手と仲良くなれそう。フリーの人は、ステキな出会いの予感が！

逆位置
ちょっぴり期待外れな展開だよ。ふとした瞬間に相手に幻滅しちゃう、なんて"蛙化"の危険も。あなたの理想が高すぎるのかもね。

Relationships 人間関係

正位置
一緒にいるとなぜか楽しいことが起こるよ。どこかでツキを引き寄せちゃうみたい。久しぶりの友だちから連絡が入る暗示も。

逆位置
遊びの予定が延期になりそう。たとえ会えたとしても、思ったほど楽しくないよ。期待値が高すぎて、ハードルが上がっちゃった!?

Work & Study 仕事／勉強

正位置
夢見ていたことが突然叶うとき。プレゼンの成功、オーディション合格など、いい知らせが入りそう。才能がいよいよ開花するよ！

逆位置
イケると思ってた企画がダメになって、肩透かしを喰らいそう。少し時間を置いてみるのがいいね。タイミングを見計らおう。

Money お金

正位置
いいお買い物ができるとき。探してたものをうまい具合にゲットできたりね。ちょっとしたおこづかいが入る可能性もあるよ。

逆位置
欲しかったものがタッチの差で売り切れちゃった、なんてアンラッキーなことがありそう。またチャンスはあるよ。元気を出して。

chiikawa Tarot
The Star

18 / The Moon

月(つき)

揺(ゆ)れる心(こころ)は月(つき)の満(み)ち欠(か)け
もうすぐなにかが変(か)わる

月明かりの下でなにかが揺らめいてるよ。
実像(じつぞう)なのか、錯覚(さっかく)なのかわからない。
本心なのか、偽(いつわ)りなのかわからない。
形を変える月みたいに、
すべてがあいまいでぼんやりしてる。
夜が明けたら、きっと真実(しんじつ)が見えてくる。

Key Word …… 不安／あいまい／直感／神秘／不透明／時間の経過

Love
恋愛

正位置
相手の真意がわからなくて不安になってるよ。もしかして浮気してるんじゃ？ なんて心配しちゃいそう。しばらく様子を見よう。

逆位置
不安定だった関係が好転するよ。浮気疑惑が晴れてほっと一息、滞っていた返信がやっと届いて安心、なんて具合にね。

Work & Study
仕事／勉強

正位置
先行き不透明な状態だよ。このまま今の仕事を続けていていいのかどうか迷いそう。職場の人間関係にもなんだか不穏な気配が……。

逆位置
今後の見通しが立ってくるよ。なにが問題だったのかがわかって、具体的な対処法を見出せそう。チームワークの乱れも無事改善へ。

Relationships
人間関係

正位置
相手に対して不信感を持ってるよ。どうしても拭い去れないわだかまりがあるみたい。お互いに腹の探り合いをしてる感じだね。

逆位置
誤解が解けてひと安心。これからはスッキリした気持ちで付き合えるよ。先延ばしになってた遊びの予定もやっと決まりそう。

Money
お金

正位置
お金の流れがあいまいになってるよ。使ってないサブスクを契約したままにしていないか、ネット詐欺に引っかかっていないか確認を。

逆位置
ムダ遣いが減って、計画的にお金を使えるようになるよ。あれもこれもじゃなくて、本当に必要なものを手に入れることができそう。

chiikawa Tarot
The Moon

19 / The Sun

太陽(たいよう)

おひさまキラキラ
笑顔(えがお)サンサン

太陽はエネルギーの源(みなもと)。
弾(はじ)けるような生命力の象徴(しょうちょう)だよ。
人生は可能性に満ちている。なんだってできるんだ！
花を咲かせよう。
誇(ほこ)りと情熱を胸に、祝福(しゅくふく)を受け取ろう。
あそこに見える表彰台(ひょうしょうだい)はあなたのものだよ。

Key Word

成功／生命力／喜びにあふれる／名誉／正々堂々／健康

Love 恋愛

正位置
一点の曇りもなく「大好き！」って言えちゃう、最高にハッピーな関係だよ。片思いは両思いへ、交際中の人は結婚へと前進しそう。

逆位置
恵まれているとは思うけど、「もうちょっとこうしてくれたら」と不満があるよ。たまにはワガママを言いたくなるよね。

Relationships 人間関係

正位置
お互いを高め合える関係。まっすぐで裏表がないから、絶対的に信頼できるんだよね。夢実現に向けて共に成長していくよ。

逆位置
関係がマンネリに陥ってるよ。お互いに相手へのリスペクトが欠けて、対応が雑になってるみたい。ライバル心が強すぎるのかな。

Work & Study 仕事／勉強

正位置
大成功の暗示！ あなたの才能が認められて、高い評価を受けるよ。コンクールで入賞、資格試験に合格など、うれしい展開も。

逆位置
悪くはないけど、どこか不完全燃焼感があるよ。大事なところで100％の力を発揮できず、モヤモヤしてしまいそう。

Money お金

正位置
金運はメキメキ上昇！ なんの心配も要らないよ。お買い物もうまくいきそう。欲しいものを手に入れることができて大満足。

逆位置
そんなに欲しかったわけじゃないのに買ってしまい、ちょっぴり後悔しそう。本当に必要なものがわからなくなってない？

chiikawa Tarot
The Sun

51

20 Judgement

最後(さいご)の審判(しんぱん)

復活(ふっかつ)チャンス到来(とうらい)
あきらめるのはまだ早(はや)い

一度終わったことも、過去に追いかけていた夢も、
きっともう会うことはないと思ってた相手とのご縁(えん)も。
大丈夫、やり直せるよ。
まるで転生(てんせい)したみたいに。
それにね、知ってる？
一度踏(ふ)まれた麦は強いんだ。

復活／再生／再出発／起死回生／よみがえり

Love 恋愛

正位置
もうダメかも……と思ってた恋が復活するよ。ケンカしちゃったカップルは無事元サヤへ。昔の恋人と復縁できる可能性も。

逆位置
関係の修復は難しそう。お互いに気持ちはあったとしても、タイミングが合わずうまくいかないよ。ここはスパッと切り替えよう。

Relationships 人間関係

正位置
ギクシャクしていた相手とは仲直り。気になることがあるなら、一声かけてみると解決するよ。絆がさらに深くなりそう。

逆位置
この相手とはご縁がなかったかも。会ったとしても前みたいに楽しくないし、お互いを高め合えないよ。次のステージに進もう。

Work & Study 仕事／勉強

正位置
再チャレンジで成功するよ。ここのところ限界を感じていた人も、やっと浮上できそう。やりたかった仕事が巡ってきたりね。

逆位置
一度失ったポジションを取り戻すのは難しそう。環境も整っていないし、あなたをサポートしてくれる人もまだ十分集まってないよ。

Money お金

正位置
待ち望んでいたものを手に入れることができるよ。高額なお買い物も、今ならOK。金運もアップしてるから、安心して大丈夫。

逆位置
お買い物で失敗しちゃいそう。いいものを買ったはずなのにすぐ壊れちゃったり、サイズや型番を間違えてたり。これも勉強!?

chiikawa Tarot
Judgement

21 / The World

世界(せかい)

なんやかんやでハッピーエンド
努力(どりょく)も思(おも)いも報(むく)われる

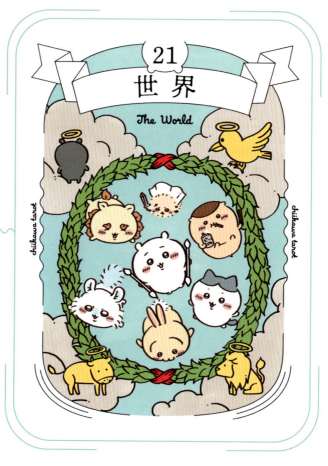

おめでとう！ おめでとう！ おめでとう！
がんばったね。未来を信じてよかったね。
これはただのハッピーエンドじゃない。
ここに至るプロセスもほんっとうに最高だった。
成功を讃(たた)え合い、
みんなでもう一度ハグしよう。

Key Word
完成／成就／目標達成／努力が実る／ゴール／最高潮

Love 恋愛

正位置
まるでおとぎ話のラストみたいに、ハッピーエンドを迎えるよ。交際中の人なら結婚が決まる場合も。夢って叶うんだなあと実感！

逆位置
幸せのピークが過ぎて、ちょっぴり不完全燃焼気味。一緒にいることに慣れてきたせいで、ときめきがなくなったのかも。

Relationships 人間関係

正位置
名実ともに仲間って感じ！ ここが自分の居場所だと思えるし、この仲間との付き合いが幸せな未来に繋がっていく確信があるよ。

逆位置
なんとなく付き合ってはいるけれど、どこかピンと来ない関係だよ。あんまり盛り上がらないから、会う機会も減っていきそう。

Work & Study 仕事／勉強

正位置
大きな仕事をひとつ成し遂げるよ。自分の力をすべて出し切ったという満足感がありそう。関わったチーム全員の勝利でもあるね。

逆位置
あともう一息なんだけど、なにかが足りないよ。チームの足並みも今ひとつ。このままじゃプロジェクトが立ち消えになっちゃう!?

Money お金

正位置
十分にゆとりのある運気だよ。投資・投機ではうれしい利益を得られそう。お買い物も大成功。まるで宝物を手に入れた気分！

逆位置
なにを買ってもイマイチな気がして、結局ダラダラと買い替えてしまいそう。妥協しないで、本当に欲しいものに狙いを定めよう。

chiikawa Tarot
The World

chiikawa
Tarot

Chapter 2

タロットカードで自分を占ってみよう

基本のシャッフル方法

カードをかき混ぜることを「シャッフル」と言うよ。
シャッフルは平らなテーブルの上で行うんだ。テーブルの上に
きれいな布を敷いておくと、カードがすべらないから便利。
カードの絵柄が見えないように裏返しにしたら、スタンバイOK！

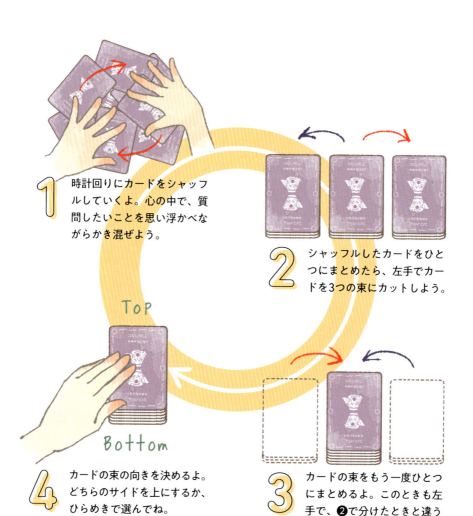

1　時計回りにカードをシャッフルしていくよ。心の中で、質問したいことを思い浮かべながらかき混ぜよう。

2　シャッフルしたカードをひとつにまとめたら、左手でカードを3つの束にカットしよう。

3　カードの束をもう一度ひとつにまとめるよ。このときも左手で、❷で分けたときと違う順番で戻すのがポイント。

4　カードの束の向きを決めるよ。どちらのサイドを上にするか、ひらめきで選んでね。

Point!

シャッフルとカット

カードをかき混ぜることを「シャッフル」、束に分けて入れ替えることを「カット」、束のことを「パイル」と言うよ。

シャッフル

カット

パイル

いろんなカット法

テーブルのない場所で占うときは、トランプのようにカットする方法でもOK。この場合も、回数は決まってないよ。自分で「もう大丈夫！」と思えるまで十分にカットしよう。

カードのめくり方

カードをめくるときは横向きにめくるよ。下から上にめくると上下が逆になっちゃうから注意！

Lesson 1

one oracle

＼ 1枚引いてみよう ／
［ワンオラクル］

気になる問いにピンポイントで答えが出る

占いたいことを心の中でイメージしよう。
テーマはどんなことでもいいよ。「今日の運勢は？」
「今LINEしてもいい？」なんてカジュアルな質問で全然OK。
気持ちを集中させて、静かに1枚引いてみよう。

占い方

58ページの❶～❹のやり方でシャッフルとカットをして1つにまとめたら、カードの束に左手を置いてね。精神を統一したら、カードを引こう。

Point!

カードの引き方には、いろんなやり方があるよ。

- 束のいちばん上のカードを引く。
- 束の一部をつかむイメージで、ピンと来た分量だけ持ち上げて表面に返す。そのときに出たカードを読むよ。
- カードの束の上から6枚取って、裏返しのまま横に置く。7枚目のカードを表面に返して読むよ。

どうやって読むの？

ワンオラクルで出るのは「結果」

タロットは直感とイメージが大事だよ。
基本的な意味が頭に入っていればスムーズだけど、
カードの印象から読み解いてみてもOK。
パッとひらめいたイメージを大切にして、
そこから世界を広げていくのもいいね。
むずかしく考えず、自由にトライしてみよう。

Point! 　**正位置と逆位置**
同じカードでも、向きによって意味が変わってくるよ。
具体的な意味の違いは、12～55ページのカード解説を見てね。

占ってみよう！

今日の運勢は？

「恋人たち」
正 位置
ハートがドキドキするようなうれしいことがありそう。推し活が盛り上がって楽しくなっちゃうかも。

「法皇」
逆 位置
ちょっぴりなまけ心が出てしまいそう。ポカミスにご用心！ どこかでビシッと気持ちを切り替えよう。

今日のラッキーパーソンは？

「女教皇」
正 位置
まじめできちんとした優等生タイプの子。わからないところを教えてもらえて、「助かった！」って思いそう。

「隠者」
逆 位置
いつも一人で行動してる、どこか不思議な雰囲気がある子。人と群れないカッコ良さに刺激を受けるよ。

Lesson 2

two oracles

＼ 2枚引いてみよう ／

［ツーオラクル］

質問の答えと、うまくいくための対策が出せる

「好きな人とはこれからどうなる？」「欲しいものをゲットできる？」
など、気になることを占ってみよう。
1枚目のカードで「結果」が、2枚目で「対策」が出るよ。
具体的なヒントをつかめるのが魅力！

① 結果

② 対策

占い方

1. シャッフルとカットをして1つにまとめるまでは基本の通りだよ。
2. カードの束から2枚引くよ。
3. 1枚目のカードを❶に、2枚目を❷に置こう。

Point!

- それぞれのカードにはどんな印象があるかな？「解釈がまちがってるかも」なんて気にすることはないよ。まずはイメージを広げてみよう。
- 2枚のカードをじっくり見比べよう。なにか気がついたことはない？「色の感じが似てる」「ストーリーがつながってるみたい」など、自由に発想を飛ばしてみてね。そこに必ずヒントがあるよ。

どうやって読むの？

ツーオラクルで出るのは「結果」と「対策」

1枚目のカードで出るのは質問の「結果」。
気になることがこの先どうなるか、展開を読んでいくよ。
カードを読んで、パッとひらめいたイメージを大事にしよう。
2枚目のカードで出るのは、どうすればうまくいくかという「対策」。
すべてが思い通りになるわけじゃなくても、
よりよい結果に近づけることはできるよね。カードのアドバイスを読み取ろう！

Point! 「対策」のところにコワいカードが出たら？
「死神」や「塔」など、一見コワそうなカードにもポジティブな意味があるよ。12～55ページのカード解説をチェック！

占ってみよう！

気になる相手となかよくなれる？

結果

「吊された者」　正位置
どうしていいかわからないまま、時間が経ってしまいそう。思い切って話しかける勇気はまだないよ。

対策

「愚者」　逆位置
失敗を恐れず、軽い気持ちでアピールしてみよう。まずは自分を印象づけて、糸口をつかむことが大事だよ。

今の仕事を続けてもいい？

結果

「力」　逆位置
色々うまくいかなくて、やる気がない状態だよ。このまま続けていったとしても、今は希望が持てないみたい。

対策

「塔」　正位置
不満に思っていることを誰かに打ち明けると状況が変わりそう。気乗りがしないなら、いっそ転職するのもアリ！

63

Lesson 3
three cards
3枚引いてみよう
［スリーカード］

時間の流れをたどりながら状況を読んでいく

「過去」「現在」「未来」を3枚のカードで占うよ。
「過去」で今気になっていることの原因をチェック。
「現在」は今の状況はもちろん、相談者の気持ちが表れるよ。
「未来」を読むことで、より良い結果をもたらすための対策もわかっちゃう！

❶ 過去　❷ 現在　❸ 未来

占い方

1 シャッフルとカットをして1つにまとめるまでは基本の通りだよ。
2 カードの束から3枚引くよ。
3 1枚目のカードを❶に、2枚目を❷に、3枚目を❸に置こう。

Point!

- それぞれのカードから受ける印象をチェック！　どんなに突拍子もないことだってOKだよ。「これは占いと関係ないかも」というイメージが意外なヒントになる場合も。
- 3枚のカードを見比べてみるよ。「過去」「現在」「未来」という流れで見ていくと、なにかストーリーが生まれてこない？　3コマ漫画を読んでる気持ちで見てみよう。

どうやって読むの？

スリーカードで出るのは「過去」「現在」「未来」

1枚目のカードが示すのは「過去」。今の状況を招いた原因は過去にあるよ。なにがあったのか、探ってみよう。
2枚目のカードは「現在」。過去の出来事の結果が今だと考えるよ。
3枚目のカードは「未来」。今の状況が続けばこうなっていくかも、というシミュレーションができるよ。ネガティブなカードが出たら、そうならないためにはどうすればいいか、読み解いてみよう。

Point! カードのつながりに目を向けよう

使うカードの枚数が多くなってきたね。実はここにもヒントが隠されてるよ。カード同士のつながりをじっくり見ていこう！

占ってみよう！

結婚したいけど出会いがない。どうすればいい？

過去 「悪魔」 逆位置
過去にツラい恋を経験したのかも。ようやく立ち直れたところみたいだね。そろそろ気持ちを切り替えよう。

現在 「星」 逆位置
どうせ自分にはステキな人は現れないと、あきらめてしまっているのでは。運命の人を理想化しすぎていない？

未来 「魔術師」 正位置
結婚までの道のりを、パートナーをゲットするRPGだと考えてみよう。肩の力が抜けるし、興味も出てくるよ。

最近楽しいことがない。これ、いつまで続く？

過去 「戦車」 正位置
以前はなにか夢中になれることがあったんだね。毎日楽しくて、生きがいを感じていた経験は宝物だったはず。

現在 「死神」 正位置
そんな楽しい経験は、挫折と共に終わってしまったみたい。今は燃え尽き症候群になっているのかもしれないよ。

未来 「月」 逆位置
モヤモヤしていた気持ちが晴れて、運気に動きが出てくるよ。また夢中になれるものを見つけられるから安心を！

Lesson 4
diamond cross
4枚引いてみよう
［ダイヤモンドクロス］

自分と相手の本音をチェックすれば未来が見えてくる

「自分」「相手」「課題」「未来」を4枚のカードで占うよ。
「自分」と「相手」の本音がわかると、見えなかったことが見えてくるはず。
二人の気持ちを照らし合わせることで、今の「課題」が浮き彫りになるよ。
「未来」のカードには対策をひも解くヒントが。

未来

自分

相手

課題

占い方

1 シャッフルとカットをして1つにまとめるまでは基本の通りだよ。
2 カードの束から4枚引くよ。
3 1枚目のカードを❶に、2枚目を❷に、3枚目を❸に、4枚目を❹に置こう。

Point!

● まずは「自分」と「相手」のカードを見比べよう。それぞれの印象はどうかな？「片方は明るいカードだけど、もう片方は暗い感じ」など、ひらめきのまま読んでみよう。

どうやって読むの？

ダイヤモンドクロスで出るのは「自分」「相手」「課題」「未来」

「自分」と「相手」の気持ちを読み解くこの方法は、恋愛や友情などの人間関係を占うのにぴったり。他にも、職場の人間関係や家族との関係を読むこともできるよ。「課題」のカードは問題点をひも解く鍵。二人がすれ違っているポイントはないか、チェックしてみよう。「未来」は今の世界線が行き着く先を見せているよ。ネガティブなカードが出たら、それを回避するためにどうすればいいか考えよう。

Point! カードの並べ方には名前があるよ
4枚のカードがクロスしていてかっこいいよね。こんなふうに、カードをいろんな形に並べていくこと、またはその並べ方をスプレッド（展開、展開法）と呼ぶよ。

占ってみよう！

友だちとケンカしちゃった。仲直りできる？

自分

「最後の審判」 逆位置
過去にも同じようなことがあったみたいだね。今度ばかりは絶対ダメだと思って、かなり落ち込んでそう。

課題

「正義」 逆位置
自分だけがショックを受けているという、アンバランスな状況。でも、誤解が解けたらすぐ元に戻りそうだよ。

相手

「世界」 逆位置
相手はそんなにおおごとだと思ってないよ。友だち同士にはよくあることって感じ。あんまり気にしてないね。

未来

「太陽」 正位置
なんの問題もなく仲直りしてるよ。相手はケンカしたことすら忘れちゃってるかも。なにひとつ気にすることなし！

占い方のコツ

初めてでもだいじょうぶ！
カードの読み方にはコツがあるよ

頭の中で漫画を描いてみよう

カードを複数枚使う場合は、一枚一枚を漫画のひとコマだと考えてみよう。3枚使うなら3コマ漫画、4枚使うなら4コマ漫画をイメージしてみるとわかりやすいよ。起承転結を脳内で想定してみると、シミュレーションもしやすくなるはず！

ストーリーを思い描こう

カードが見せるのは、その人が体験している人生というストーリー。これって実は、漫画やアニメを観るのと似ているよ。パッと目に入った画像から、キャラクターの心情や今後の展開をイメージすることってあるよね。その感覚をそのまま使えばOK！

登場人物を把握しよう

ストーリーを動かすのは登場人物。占うテーマが恋愛や友情なら「自分」と「相手」、仕事を占う場合は「自分」と「同僚」「上司」「クライアント」など、自分以外の存在が関係していることが多いよね。それぞれのキャラクターは、それぞれの価値観で生きていることに注目しよう。

3

いろんな
ことを
占ってみよう

Q1 今日は友だちとごはん。お店はどうしよう?

Question

ライブの帰り、友だちとごはんを食べようと計画しています。会場近くにはお店がたくさんありますが、どこも混んでいそう。どうしようかと迷っています。

① 結果

spread
ワンオラクル

❶「最後の審判」 正位置

「最後の審判」のカードには「復活」「再生」といった意味があるよ。
ライブ終わりはお店が混むよね。ぐるっと回ったら、最初の通りに戻ってみて。タイミングよく席が空いて、入れるお店が見つかるよ。
または、前から行きたくて行けなかったお店にリベンジできるという解釈も。以前行ったときは満席で入れなかったところにご縁があるかもしれないよ。

Answer

一度あきらめた
お店に再チャレンジ
してみよう!

Q2 勉強に集中できない。どうすればいい?

Question

勉強しなきゃいけないとは思うのですが、ダラダラしているうちに一日が終わってしまいます。気持ちがシャキッとしないんです。どうしたらいいでしょうか?

① 結果

spread | ワンオラクル

①「正義」逆位置

「正義」のカードには「合理的」「調和」といった意味があるよ。
逆位置で出たのは、自分の中でうまくバランスが取れていない証拠。まずは一日のスケジュール表を作ってみよう。頑張れば推しがホメてくれる、なんて脳内で妄想してみるのも効果がありそう!
または、将来の夢をイメージするところから始めるのも一案。着地点が見えれば、目の前の勉強にも意味を見出せるはずだよ。

Answer
モチベを上げる
ガソリンを用意しよう!

Q3 お金が全然貯まらな〜い！どうすればいい？

Question

なぜかちっともお金が貯まりません。そんなにムダ遣いしているつもりもないんですが、気が付くと手元に残っていないんです。どうすればお金って貯まるんでしょうか？

spread | ツーオラクル

❶ 結果

❷ 対策

❶「悪魔」逆位置

「悪魔」のカードには「誘惑」「乱れた生活」という意味があるよ。
逆位置で出たのは、過去の浪費グセが直りつつあることの表れ。今はムダ遣いしているつもりはないというのは、「前よりはマシになったんだけどな〜」って意味なんじゃないかな？　まだまだ改善が必要だね。

❷「法皇」正位置

「法皇」の正位置が示すのは、「信頼」「誠実」。
この場合の対策は、お金をきちんと管理しよう、ってことだね。家計簿アプリで管理するのもいいし、スマホ決済が多い人は、記録をチェックする習慣をつけるとgood。え、メンドくさいって!?　お金を貯めたいならこれはマストだよ！

Check!

ストーリーを思い描こう

2枚のカードからストーリーをイメージしてみよう。「『悪魔』が『法皇』につながるってどういうこと？」「悪魔が心を入れ替えるのかな？」「なにかあってキャラ変するのかな？」など、なんでもいいよ。まずは発想を自由に飛ばしてみよう！

頭の中で2コマ漫画を描いてみよう

1コマ目は「悪魔」のカード。しかも逆さになってるよ。でもこの悪魔、どこか楽しそうにも見えるね。物事をあんまり真面目に考えてないのかも。2コマ目は「法皇」のカード。穏やかで落ち着いてるね。漫画のテーマは「お金」だってことに注目！

登場人物を把握しよう

今回の登場人物は相談者ただ一人。ただし、「悪魔」の逆位置のカードからは「相談者を誘惑している誰か」の影を読み取ることもできるよ。浪費家の友だちがいて、影響されてたのかもしれないね。自分の心に「悪魔」が巣くっていたという解釈も。

Answer

マネー管理をきちんとすれば、お金は自然に貯まっていくよ

自分がなににどれくらい使っているか、把握することから始めよう。「だいたいこれくらい」じゃなくて、実際の金額を記録することが大事だよ。アプリを上手に使いこなすのもいいね。習慣を改めれば、お金は少しずつ貯まっていくよ。

Q4 習い事を始めたい。
なにがいい?

Question

新しく習い事を始めたいと思っています。いろんなことに興味はあるのですが、自分がなにに向いているのかよくわからず、決めかねています。なにかアドバイスをお願いします!

spread | スリーカード

❶ 過去

❷ 現在

❸ 未来

❶「恋人たち」逆位置

「恋人たち」のカードが象徴するのは「ラブラブのドキドキ」「二者択一」。
逆位置で出ているのは、ハマれるなにかを見つけたいんだけど、決め手がない状態を示すよ。過去にハマっていた習い事があって、そのときのトキメキを求めているのかも。

❷「愚者」正位置

「愚者」のカードには「好奇心」「未知への冒険」という意味があるよ。
純粋にのめり込めるなにかを探している状態。一般的に人気のある習い事にこだわらず、ピンとひらめいたものにチャレンジしてみるのも悪くなさそう。

❸「魔術師」正位置

「魔術師」が表すのは「アイディア」「創造力」。
なにかクリエイティブなことに挑戦すると良さそうだよ。アート系のスクールに通うとか、モノ作り系の習い事で専門的な技術を磨くのもいいね。「魔術師」だからマジックを、なんて発想もアリ!

Check!

ストーリーを思い描こう

まずは3枚のカードを見比べよう。「『恋人たち』の逆ってことは、気持ちがモヤってるところからスタートするのかな?」「『愚者』が『魔術師』につながるのは、なにもない状態からなにかを身につけるところに進むってこと?」などと発想してみよう。

頭の中で3コマ漫画を描いてみよう

1コマ目は「恋人たち」の逆位置。なんとなくふわふわしていて、どっちつかずの印象がありそう。2コマ目は「愚者」。なにかが始まる予感がするね! 3コマ目は「魔術師」。なにも知らなかった「愚者」がなにかの術を覚えるのかも。これ、ヒントになるのでは!?

登場人物を把握しよう

今回の登場人物は相談者のみ。だけど、「恋人たち」の逆位置からは「過去に仲が良かった人」の存在が匂うよね。前は習い事仲間と楽しくやっていたのかも。とすると、相談者が求めているのは習い事(だけ)じゃなく、新たな仲間かもしれないね。

Answer

オリジナリティのある習い事に注目しよう

ちょっと変わった習い事に目を向けてみよう。アートに関わることでもいいし、技術を学んでなにかを作る、モノ作り系もおすすめだよ。あなたの感性にフィットするような仲間との出会いも期待できそう。ひらめきのままトライして!

Q5 すごくニガテな人がいます。どうすればいい?

Question

バイト先の同僚がニガテです。向こうのほうが先輩なので、ちょいちょい上から言ってくる感じも気になって……。どうやったらうまく付き合っていけますか?

---

spread | スリーカード

❶ 過去　　**❷ 現在**　　**❸ 未来**

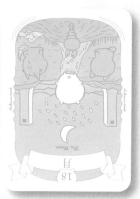

❶「隠者」正位置

「隠者」のカードには「慎重」「隠遁」などの意味があるよ。その同僚、あまり社交的な人ではないよね? もともととっつきにくい感じがあったのでは。ちゃんと話したこともなかったし、お互いをまだよく知らないんじゃないかな。

❷「女教皇」逆位置

「女教皇」のカードは「ストイック」「知性」を象徴してるよ。逆になっているのは、まじめすぎて口うるさくなっていることの表れ。相手はバイトの先輩として、あなたに正しいやり方を教えなければという使命感があるのでは。

❸「月」逆位置

「月」は「不安」「不透明」を象徴。「時間の経過」を表すカードでもあるよ。
今後少しずつ関係は改善していきそう。相手は社交ベタだっただけで悪気はなかったとわかって、わだかまりが解けていくのかもしれないね。

Check!

| ストーリーを思い描こう

3枚のカードからストーリーをイメージしていくよ。「『隠者』から『女教皇』って、どんな展開があるだろう?」「最後が『月』って、エンド的には弱くない?」など、自由に考えてみよう。一瞬頭をよぎった考えをノートにメモするのもいいね。

| 頭の中で3コマ漫画を描いてみよう

1コマ目は「隠者」のカード。一人で自分の世界を作ってる感じで、社交的ではないみたい? 2コマ目は「女教皇」の逆位置。自分のやるべきことに意識が向いていて、アップアップしているのかな。3コマ目は「月」の逆位置。暗い空が明けつつあるよ。

| 登場人物を把握しよう

今回は二人の人間が登場するよ。相談者と、バイト先の同僚。相談者より先輩だというから、立場は違うよね。仕事のやり方や現場のルールは、当然相手の方がよく知ってるはず。言い方が"上から"になるのは、イジワルだからなのかどうかに着目しよう。

Answer

相手の性格を理解すれば、付き合い方がわかる!

相手は人付き合いがニガテなぶきっちょさん。先輩らしくあらねばと気負ってるだけで他意はないよ。相手の性格がわかってくれば、「こういう人だったのか」と誤解も解けるよね。これからはいい距離感で付き合えるようになるよ。

Q6 気になる相手と初デート。うまくいく？

Question

気になっていた相手と、ついにデートできることになりました。嬉しい反面、すごく不安です。相手が私のことをどう思っているのかも、よくわからなくて……。うまくいくでしょうか？

❶ 自分
❷ 相手
❸ 課題
❹ 未来

spread | ダイヤモンドクロス

❶「運命の輪」 正位置

「運命の輪」の正位置には「チャンス」「運命的な出来事」という意味があるよ。
初デートが決まったことに、あなたは運命を感じているみたい。だからこそ絶対に失敗したくないし、このデートで相手に好印象を与えたいんだね。

❷「女帝」 逆位置

「女帝」のカードが象徴するのは「愛情」「リラックス」。逆位置で出たのは、それが過剰になっていることを表すよ。相手はあなたの気持ちに気づいていて、甘えちゃっているのかも。あなたに好感を持っているのは本当だよ。

❸「皇帝」 逆位置

「皇帝」の象徴は「地位」「権力」「安定」。逆位置で出たのは、これらが"裏目に出る"ことを示しているよ。
好きになった側と好きになってもらった側で、関係が固定してしまっているのが課題。どこかで関係性を覆したいね。

Check!

ストーリーを思い描こう

今回は「運命の輪」からスタートして「節制」の未来へと行き着くよ。いったいどんな展開になると思う?「色々あって、最後は穏やかな結末に向かうのかな?」「『女帝』と『皇帝』が逆位置ってことは、一筋縄じゃいかないのかも」など、想像してみよう。

登場人物を把握しよう

恋愛をテーマにした今回は、自分と相手という二人の登場人物がいるよ。自分のカードが「運命の輪」の正位置なのに対して、相手のカードは「女帝」の逆位置。なんだか温度差がありそうな!? 二人の立ち位置がフラットではないところに着目してみよう。

頭の中で4コマ漫画を描いてみよう

1コマ目は「運命の輪」のカード。なにかが始まる予感がするね。2コマ目は「女帝」の逆位置。逆さになった女帝がなにか言いたげだよ。3コマ目の「皇帝」もまたまた逆位置。4コマ目の「節制」へとどうつながっていくのか、イメージを広げてみてね。

❹「節制」正位置

「節制」の正位置が示すのは「バランス」「ほどほど」。気持ちはわかるけど、ここは節度を保ったお付き合いでいくのが良さそう。その方が結果的に安定して長く続くよ。しばらくは穏やかでフレンドリーな関係をキープしよう。

Answer

焦らずに節度を保った関係をキープしよう

いきなり距離を詰めようとせず、今のフレンドリーな関係を大切にしよう。ていねいに時間をかけていけば、あなたの魅力は自然と相手に伝わるよ。お互いの距離感や温度差を調整しながら、少しずつ関係を育んでいこう。

Profile

ナガノ

イラストレーター＆漫画家として活躍するクリエイター。「ナガノのくま」「ちいかわ」などの作品を展開中。また、単行本『ちいかわ なんか小さくてかわいいやつ』（講談社）も好評発売中。

阿雅佐

占星術師・心理ナビゲーター。1万以上のテレビ、雑誌、書籍、WEBコンテンツを作成・執筆し、メディア出演も多数。著書に『ちいかわ 心理テスト』（講談社）、『すみっコぐらし 心理テスト』（Gakken）など。

Book Staff

カード図案
古屋あきさ

デザイン
青木貴子

進行
石井美由紀

ちいかわタロット
22枚（まい）のオリジナルカード付（つ）き

2025年4月24日 第1刷発行
2025年6月24日 第4刷発行

イラスト　ナガノ ©nagano
監　修　　阿雅佐（あがさ） ©Agatha 2025

発行者　宍倉立哉
発行所　株式会社 講談社
　　　　〒112-8001
　　　　東京都文京区音羽2-12-21
　　　　電話　編集 03-5395-3474
　　　　　　　販売 03-5395-3625
　　　　　　　業務 03-5395-3615
　　　　（落丁本・乱丁本はこちらへ）

KODANSHA

印刷・製本所　TOPPANクロレ株式会社

定価はカバーに表示してあります。
落丁本、乱丁本は購入書店名を明記のうえ、小社業務あてにお送りください。
送料小社負担にてお取り替えいたします。
なお、この本についてのお問い合わせは、編集あてにお願いいたします。
本書のコピー、スキャン、デジタル化等の無断複製は著作権法上での例外を除き禁じられています。
本書を代行業者等の第三者に依頼してスキャンやデジタル化することは、たとえ個人や家庭内の利用でも著作権法違反です。

Printed in Japan
ISBN978-4-06-534474-3
N.D.C.148 79p 21cm

本書オリジナル特別付録

ちいかわ

タロットカード

[大アルカナ 22枚]

chiikawa Tarot

はじめてでも簡単に占えちゃう！

ミシン目で切り取ってね

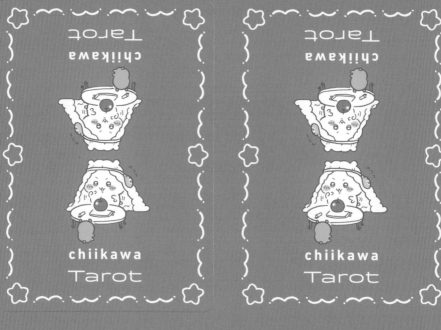

chiikawa
Tarot

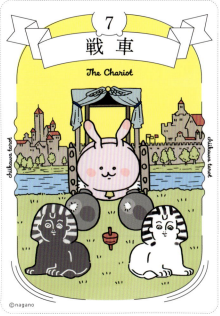

chiikawa
Tarot

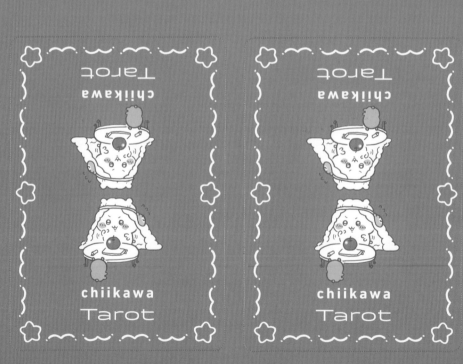

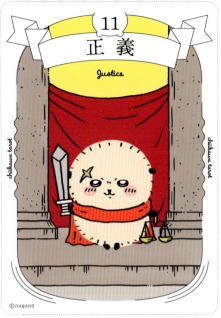

chiikawa
Tarot

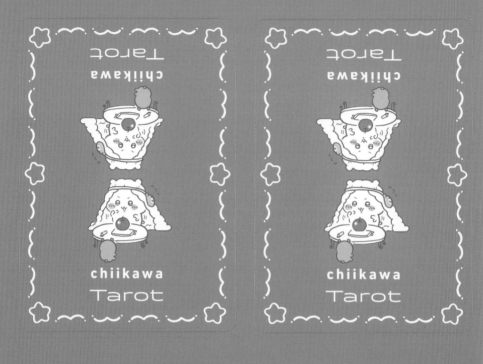

chiikawa
Tarot

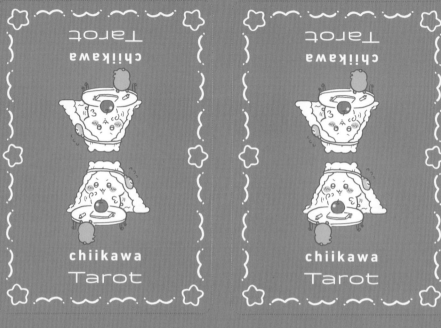

chiikawa
Tarot

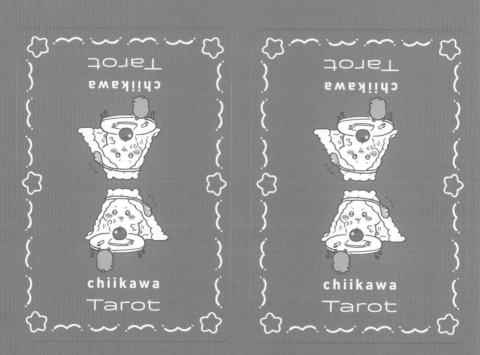